야호! 신난다!
재잘재잘 역사여행

이이(1536~1584)
조선시대 학자이자 정치가예요.

조선을 바로 세웠어요 - 이이와 이황 -

조선시대는 부모에게 효도하고 친구와 사이좋게 지내고,
나라를 사랑하는 마음을 가르치는 유학 공부를 중요하게 생각했어요.
퇴계 이황과 율곡 이이는 유학에 뛰어난 학자였어요.

이황(1501~1570년)
조선시대 문신이자 대표적인 유학자예요.

두 사람은 서른다섯 살이나 나이 차이가 났지만 같은 목표를 가졌어요.
열심히 공부하여 임금님을 도와, 살기 좋은 나라를 만드는 것이 목표였지요.
이황과 이이는 예의 바른 사람이 되는 것이 바른 공부라고 생각했어요.

이이의 어머니는 글과 그림에 뛰어나기로 소문난 신사임당이었어요.
신사임당은 동해의 검은 용이 안방으로 들어오는 꿈을 꾸고 아이를 낳아
이름을 '현룡'이라 불렀어요.
이이는 말을 배우자 곧 글을 읽을 정도로 똑똑하고 부모님을
생각하는 마음도 깊은 아이였어요.

어머니가 몸이 아파 누워계실 때였어요.
이이는 아무도 모르게 사당으로 들어가 무릎을 꿇고 빌었어요.
그때 집안에서는 없어진 이이를 찾느라 큰 소동이 벌어졌어요.
날이 저물어서야 어머니를 위해 간절히 기도하고 있는 이이를 발견한
사람들은 큰 감동을 받았어요.

* 사당 : 조상의 이름을 적은 나무패를 모셔놓은 집이에요.

글공부를 열심히 한 이이는 과거시험에서 일등을 아홉 번이나 하여 사람들을 깜짝 놀라게 하였어요.

관리가 된 뒤에도 옳지 못한 것을 보면 그냥 지나치지 않고 반드시 고치도록 하였어요.
이이가 서른두 살이 되던 해, 나이가 어린 선조가 임금이 되었어요.
이이는 선조 임금의 스승이 되어 학문과 정치에 대해 정성껏 알려주었지요.

십만 명의 병사를 키워야 합니다.

이이는 적들이 쳐들어오지 못하는 튼튼한 나라를
만들기 위해 군사 **십만 명**을 키워야 한다고 주장했어요.
하지만 어리석은 신하들의 반대로
이이의 뜻은 받아들여지지 못했지요.
9년 뒤 **임진왜란**이 일어나자 임금님과 사람들은
현명한 이이의 말을 듣지 않은 것을 뉘우쳤답니다.

* 임진왜란 : 1592~1598년까지 두 차례에 걸친 일본의 침략으로 일어난 전쟁이에요.

이황의 어머니는 공자님이 대문 안으로 들어오는 꿈을 꾼 뒤 이황을 낳았어요.

이황은 태어난 지 일곱 달 만에
아버지가 돌아가셨어요.
어머니는 낮에는 집안일을 하고 밤에는
바느질하며 어렵게 이황과 형제들을 키웠어요.
어머니는 어린 이황을 안고 말했어요.
"아버지가 안 계셔도 공자님처럼 훌륭한 사람이 되어라."
글공부를 좋아한 이황은 모르는 것이 나오면 알 때까지 몇 번이고 읽었어요.
어떤 책은 너무 닳아서 글자가 제대로 보이지 않을 정도였어요.
어른이 된 이황은 나랏일을 하며 임금님에게도 서슴지 않고 옳은 말을 했어요.
"임금님께서 본을 보이셔야 백성들도 따를 것입니다."

* 공자 : 중국의 유명한 사상가이자 학자로, 유학을 처음으로 연 사람이에요.

류성룡과 징비록

류성룡은 어렸을 때부터 신동 소리를 들었어요.
류성룡은 스물한 살 때 퇴계 이황 선생에게 학문을 배웠어요.
제자들을 잘 칭찬하지 않는 퇴계 이황이었지만,
류성룡에게만큼은 칭찬을 아끼지 않았어요.
"하늘이 낳은 인물로, 장차 나라에서 크게 쓰일 것이다."

세월이 흘러, 일본이 조선을 쳐들어온 '임진왜란'이 일어났어요.
일본군은 조선 사람들을 마구 죽였고, 백성들의 삶은 너무 힘들었어요.
군사업무를 맡은 류성룡은 전쟁에서 승리를 이끌 장군을 추천했어요.

"이순신 장군이라면 조선을 승리로 이끌 수 있습니다."
이순신 장군이 이끄는 수군은 거북선을 만들어 일본과 싸웠어요.

류성룡은 명나라에서 군사를 보내오자 함께 힘을 합쳐
일본군 1만 명을 쫓아내고 평양성을 되찾았어요.
각 지역에서 일어난 의병들도 힘을 합쳐 일본군을 물리쳤어요.

7년 전쟁 끝에 조선 땅에서
일본군을 몰아냈지만,
오랜 전쟁으로 인해
나라 안이 엉망이 되었어요.

류성룡은 전쟁으로 땅과 집이 불타 먹을 것도
살 곳도 없는 백성들이 안타까웠어요.
"백성들은 솔잎가루에 쌀을 섞어 먹으며 겨우 버티고 있다.
고통스러운 백성의 삶에 눈물이 난다."
류성룡은 또다시 이런 전쟁이 일어나지 않도록
하기 위해서는 임진왜란에 대해
꼼꼼하게 정리해 [징비록]을 펴냈어요.

무릎을 꿇은 왕의 아픔

중국에서는 명나라의 힘이 약해지고 있을 때 여진족이 후금을 세웠어요.
조선은 임진왜란 때 군대를 보내준 명나라와는 친하게 지냈지만
후금은 싫어했어요.
하지만 광해군은 명나라뿐만 아니라 후금과도 친하게 지내기 위해
노력하여, 세 나라는 사이좋게 지냈어요.

세월이 흘러, 광해군을 몰아내고 왕이 된 인조 임금은 명나라와 가깝게 지내고 후금은 멀리했어요.
그 사이 힘이 더욱 커진 후금은 나라 이름을 '청'으로 바꾸고 조선을 쳐들어왔어요. (병자호란)

* 병자호란 : 1636년 12월~1637년 1월까지 청나라가 조선을 두 차례 침입하여 일어난 전쟁이에요.

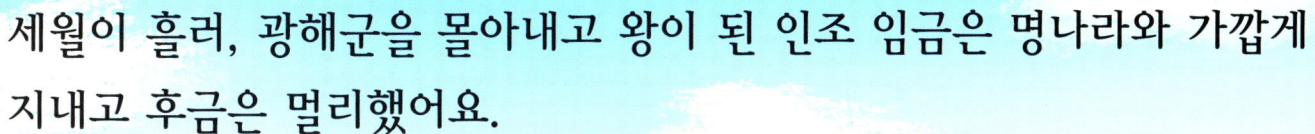

인조 임금은 조선으로 들어오는 길목인 의주 지역을 임경업 장군이
잘 지키고 있으니 괜찮을 거라 생각했어요.
그러나 청나라는 조선의 작전을 눈치채고 의주를 돌아 한양으로 가고 있었어요.
청나라 군대가 한양을 공격해오자 인조 임금은 강화도로
피난을 가려고 했어요.

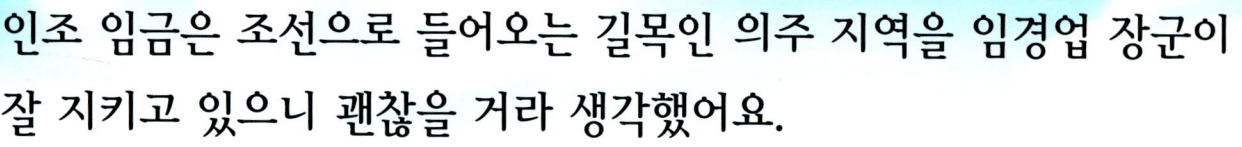

하지만 이미 청나라 군사들이 길을 막고 있어,
어쩔 수 없이 한양의 남쪽에 있는 남한산성으로 갔어요.
그러나 남한산성도 금세 청나라 군사들로 둘러싸이고 말았어요.

"조선은 항복하라!!"
40여 일이 지나자 남한산성 안의 군사들은 추위와 배고픔에 지쳐갔어요.
인조 임금은 더는 싸울 힘이 없어지자, 청나라와 화해하기로 했어요.
결국, 항복하기 위해 남한산성을 나와 삼전도로 향했지요.

* 항복 : 적의 힘에 눌리어 굴복하는 것을 말해요.

삼전도에서 인조 임금은 무릎을 꿇고 청나라 황제에게 세 번 절을 했어요.
절을 할 때마다 인조 임금의 이마가 차가운 땅바닥에 닿았어요.
'흑흑! 분하도다! 슬프도다!' 인조 임금은 눈물을 흘렸어요.
인조 임금은 청나라 앞에 무릎 꿇었던 일을
마음속에 되새기며 언젠가는 청나라를
꼭 물리치겠다고 다짐을 했답니다.

영조 임금은 뛰어난 요리사 - 탕평책과 탕평채 -

조선시대 영조 임금 때, 신하들이 힘을 키우기 위해 서로 편을 나뉘어 다투느라 나라가 어지러웠어요.
영조 임금은 신하들의 싸움을 말리기 위해 많은 노력을 하였어요.
영조는 어느 편에도 치우치지 않고 골고루 인재를 뽑는 정책을 폈어요.
이 정책을 탕평책이라고 해요.

어느 날, 영조 임금은 탕평책을 의논하는 자리에 하얀 묵과 미나리, 볶은 고기, 달걀 등이 어우러져 있는 요리를 내놓았어요. 신하들은 여러 가지 재료가 어우러져 좋은 맛과 색을 내는 것처럼, 평화로운 나라를 기원하는 뜻에서 이 요리를 '탕평채'라 불렀답니다.

조선시대 태종 임금은 백성들이 억울한 일을 말할 수 있도록
궁궐 밖에 '신문고'라는 북을 설치했어요.
"억울한 사정이 있는 백성들은 누구든지 신문고를 쳐라!"
백성들은 억울한 일이 있으면 이 북을 쳐 임금에게 알렸어요.

하지만 신문고를 함부로 치면 큰 벌을 받았어요.
또, 힘을 가진 사람들은 신문고 제도를 좋아하지 않았어요.
그래서 신문고 제도는 없어졌다 생겨나기를 반복하다,
영조 임금 때 다시 만들어졌답니다.